# RÉPUBLIQUE FRANÇAISE.

MINISTÈRE DE LA GUERRE.

## DÉCRET DU 20 OCTOBRE 1894

ET

## DÉCISION MINISTÉRIELLE DU 4 SEPTEMBRE 1894

MODIFIANT CERTAINS DOCUMENTS RELATIFS AUX

# TRANSPORTS MILITAIRES

## PAR CHEMINS DE FER

Et abrogeant la décision ministérielle du 28 mai 1891.

**PARIS** | **LIMOGES**
11, PLACE SAINT-ANDRÉ-DES-ARTS. | 46, NOUVELLE ROUTE D'AIXE, 46.

## HENRI CHARLES-LAVAUZELLE

Éditeur militaire.

1895

# DÉCRET DU 20 OCTOBRE 1894

ET

## DÉCISION MINISTÉRIELLE DU 4 SEPTEMBRE 1894

MODIFIANT CERTAINS DOCUMENTS RELATIFS AUX

# TRANSPORTS MILITAIRES

## PAR CHEMINS DE FER

Les modifications indiquées ci-après seront apportées :

1° Au règlement sur les transports ordinaires (18 novembre 1889) ;

2° Au règlement sur les transports stratégiques (19 novembre 1889) :

3° Aux appendices aux règlements sur les transports ordinaires et stratégiques (25 avril 1890) ;

4° Aux annexes aux règlements sur les transports ordinaires et stratégiques (22 août 1890).

Est abrogée la décision ministérielle du 28 mai 1891 modifiant certains documents relatifs aux transports militaires par chemins de fer. (*Bulletin officiel*, partie réglementaire, année 1891, n° 34.)

---

*Décret du* 20 *octobre* 1894, *modifiant les règlements des* 18 *et* 19 *novembre* 1894, *sur les transports militaires par chemins de fer.*

Le Président de la République française,

Vu les décrets des 18 et 19 novembre 1889 portant règlement sur les transports militaires par chemins de fer (transports ordinaires et transports stratégiques) ;

Sur le rapport du Ministre de la guerre,

Décrète :

Art. 1er. Les modifications dont la teneur suit seront apportées, à dater de ce jour, aux règlements sur les transports militaires par chemins de fer.

## I. — Règlement sur les transports ordinaires.

### Article 4.

Note ajoutée au dernier paragraphe.

Remplacer cette note par le texte suivant :

« Les chevaux doivent être accompagnés dans les conditions suivantes, conformément au traité du 14 octobre 1890 :

« 1º Chevaux de remonte : un seul homme pour deux, trois ou quatre chevaux ;

« 2º Chevaux d'officiers : un ordonnance ou l'officier lui-même pour le nombre de chevaux qui lui est attribué ;

« 3º Chevaux de selle immatriculés de toutes armes : un homme par cheval ;

« 4º Chevaux ou mulets de trait immatriculés de toutes armes (attelés à une voiture à quatre roues) : un conducteur militaire pour deux chevaux ;

« 5º Chevaux ou mulets de trait immatriculés de toutes armes (attelés à une voiture à deux roues) : un homme par cheval ;

« 6º Chevaux ou mulets de trait loués ou réquisitionnés en temps de manœuvres : accompagnés dans les mêmes conditions que les chevaux immatriculés (4º et 5º).

« Les hommes qui accompagnent les chevaux fournissent des gardes d'écurie dans les conditions fixées par les appendices I (règle 11), II (règle 12), III (règle 12). »

### Article 20.

Note ajoutée au premier paragraphe.

Remplacer les 3e et 4e cas par les exemples suivants :

« 3e cas. Détachement allant de Mamers à Chartres sans arrêt : Un bon de Mamers à Connerré (chemin de fer de Mamers à Saint-Calais) ;

« Un bon de Connerré à Chartres (Ouest).

« 4e cas. Détachement allant d'Alençon à Vendôme sans arrêt : Un bon d'Alençon à Mamers (Ouest) ;

« Un bon de Mamers à Saint-Calais (chemin de fer de Mamers à Saint-Calais) ;

« Un bon de Saint-Calais à Vendôme (Etat). »

Dernier paragraphe. Au lieu de :

« ..... remplacé par une copie de l'ordre de mouvement, certifié par..... »,

Il faut mettre :

« ..... remplacé par une copie de l'ordre de mouvement ou de l'ordre télégraphique, certifié par..... »

## Article 21.

Supprimer les deuxième et troisième paragraphes et les remplacer par les suivants :

« Dès son arrivée à destination, le commandant de tout détachement transporté en chemin de fer remet les billets collectifs qu'il a reçus en échange des bons de chemin de fer, ainsi que la feuille de route du détachement, au sous-intendant, qui s'assure que les modifications à l'effectif ont été exactement transcrites sur les billets collectifs et les fait compléter au besoin. Ce fonctionnaire renvoie ensuite les billets au sous-intendant du point de départ, qui vérifie l'exactitude des indications portées par la compagnie de chemin de fer et y inscrit le motif du déplacement de la troupe.

« Les billets correspondant aux bons délivrés pendant le mois écoulé sont mis à l'appui du relevé des dépenses engagées d'après les bons de chemin de fer, pour parvenir avec ce document, en ce qui concerne les corps d'armée de l'intérieur, au directeur, du service de l'intendance du gouvernement militaire de Paris ; pour l'Algérie et la Tunisie, au directeur du service de l'intendance, de la division ou de la brigade.

« Si le transport a donné lieu à des observations, de quelque nature qu'elles soient, le commandant du détachement établit un bulletin de renseignements (modèle 7), qui est visé par le chef de corps et adressé au Ministre (Etat-major de l'armée, 4° Bureau) par la voie hiérarchique. Ces bulletins de renseignements sont joints au rapport mensuel du corps d'armée. »

## Article 24.

Supprimer le troisième paragraphe et le remplacer par le suivant :

« Lors des appels, le commandant de recrutement, lorsqu'il doit mettre en route des isolés, remet au chef de gare de sa résidence un état général indiquant le nombre approximatif des militaires qu'il doit faire partir chaque jour, dans chaque direction, des différentes gares de sa subdivision de région. Ce état, conforme au modèle n° 10 ci-annexé, doit être remis par le commandant du bureau de recrutement au chef de gare de sa résidence, dès la réception des ordres du Ministre, et au moins cinq jours avant la date fixée pour la mise en route des isolés. Le chef de gare réceptionnaire transmet cet état à son administration, qui sera chargée d'adresser les avis et instructions de détail nécessaires à toutes les gares intéressées. »

## Article 27.

Supprimer les deuxième et troisième paragraphes et les remplacer par les suivants :

« Pendant ces mêmes mouvements, des postes ou gradés de planton peuvent être installés dans les gares des villes de garnison ainsi que dans les bifurcations importantes situées en dehors de ces villes. Les généraux commandants de corps d'armée s'entendent avec les représentants des compagnies accrédités auprès d'eux pour déterminer celles de ces gares où il y a lieu de placer soit des postes temporaires, soit seulement des gradés de planton, ainsi que les garnisons appelées à fournir ce service.

« Les commandants d'armes et les agents locaux des chemins de fer, respectivement avisés par leurs chefs hiérarchiques des dispositions arrêtées, s'entendent, en temps utile, pour régler toutes les dispositions de détail. Ils détermineront, en particulier, les dates auxquelles les postes ou les plantons sont installés dans chaque gare désignée et le temps pendant lequel ils doivent assurer le service de surveillance. En cas de dissentiment, il en est référé, par la voie hiérarchique, au général commandant le corps d'armée et au représentant de la compagnie accrédité auprès de lui.

« Les postes ou les gradés de planton sont installés dans des locaux fournis, aménagés et entretenus par les administrations de chemins de fer. Ceux qui doivent être envoyés en dehors des villes de garnison sont transportés aux frais de la compagnie intéressée, soit que les mêmes hommes doivent rester détachés pendant toute la période où la surveillance est nécessaire, soit qu'ils doivent être relevés chaque jour, suivant les ordres donnés par l'autorité militaire. »

<h3 align="center">ARTICLE 46.</h3>

Dixième paragraphe. Supprimer la phrase :
« Ce chiffre s'applique à toutes les armes, que les hommes soient ou non équipés »,
Et ajouter en note :
« Ce nombre est fixé à 32, 36 ou 40 hommes voyageant équipés, suivant la longueur du wagon, et à 40 hommes non équipés, pour tous les wagons, quelle que soit leur longueur. Exception est faite pour les cuirassiers équipés, dont le nombre ne doit pas excéder 32, quelle que soit la contenance du wagon. »

<h3 align="center">ARTICLE 50.</h3>

Après le paragraphe :
« Dans le cas exceptionnel du transport des chevaux dans le sens perpendiculaire à la voie... »,
Ajouter l'alinéa suivant :
« Pour les trains qui comportent un nombre important de trucs, on pourra placer à l'arrière le nombre de wagons couverts à frein à vis, contenant des chevaux, nécessaire pour satisfaire aux règles de sécurité édictées par les règlements des compagnies. »

<h3 align="center">ARTICLE 53.</h3>

Après le troisième paragraphe, ajouter le suivant :
« Ces agrès ne sont pas utilisables pour le matériel de siège et de place, pour lequel il en est prévu de spéciaux. »

# MODÈLE 6.
### (Le remplacer par le modèle ci-dessous.)
## MODÈLE 6.

---

## Talon (panneau de gauche)

Règlement sur les transports ordinaires. (Articles 20 et 57.)
Modèle N° 6. — N° 127 de la Nomenclature.

° CORPS D'ARMÉE. | SÉRIE N°
° DIVISION. | REGISTRE N°
Place d | Feuillet n°

EXERCICE 189 .

° TRIMESTRE.

### TALON DU BON DE CHEMIN DE FER

pour le transport à exécuter par train (1)
d                à
par                , d'un détachement
voyageant                , commandé par
M.                , (grade)
au                , porteur d'une feuille de route
délivrée à                , le                189 ,
sous le n°.

### § 1er. — HOMMES.

| | NOMBRE |
|---|---|
| 1re classe... Officiers généraux et officiers supérieurs.... | |
| Officiers subalternes.................... | |
| 2e classe... Officiers subalternes.................... | |
| 3e classe... Hommes de troupe.................... | |
| Cantinières et enfants de troupe.............. | |
| Places inoccupées à taxer.................... | |
| Places (aller et retour) à taxer à raison d'une par cheval de remonte non individuellement accompagné......... | |
| Compartiments de 2e classe.................... | |
| Chevaux d'officiers.................... | |
| Chevaux et mulets de troupe. de remonte / de selle..... | |
| Chevaux et mulets de trait pour voitures... à 2 roues.... / à 4 roues.... | |
| Animaux de boucherie. Bœufs et vaches.................... / Moutons.................... | |
| Voitures, caissons et prolonges sur roues. à 2 roues...... / à 4 roues...... | |

### § 2. — BAGAGES.

| | POIDS. |
|---|---|
| Total des bagages et effets des magasins.................... | |
| A déduire : les 30 kilogrammes transportés en franchise. | |
| RESTE.................... | |

### MATÉRIEL, APPROVISIONNEMENTS, ETC.

Canons démontés ou sur affûts....................
Affûts démontés ou sur roues....................
Chargement des voitures....................
Voitures, caissons et prolonges démontés....................
Approvisionnements....................

POIDS TOTAL....................

DÉLIVRÉ par nous, Sous-Intendant militaire soussigné, le présent bon de chemin de fer, conforme aux résultats de la revue d'effectif passée avant le départ du détachement.

A                , le                189

Le présent talon restera adhérent au registre tenu par chaque sous-intendant militaire.

Transports milit.

---

MINISTÈRE DE LA GUERRE

## Bon (panneau de droite)

Règlement sur les transports ordinaires. (Articles 20 et 57.)
Modèle N° 6. — N° 127 de la Nomenclature.

° CORPS D'ARMÉE. | EXERCICE 189 . | SÉRIE N°
° DIVISION. | | REGISTRE N°
Place d | ° TRIMESTRE. | Feuillet n°

Timbre de la gare de départ.

N° d'expédition :
Date de l'expédition :

### BON DE CHEMIN DE FER

pour le transport à exécuter par train (1)                de (2)
réseau de                à (3)                , réseau de
par (4)
d'un détachement de troupe voyageant (5)
dirigé sur                et commandé par M.
au (6)                , porteur d'une feuille de route délivrée à
le                189 .

DÉLIVRÉ par nous,                le présent bon de chemin de fer, et certifié véritables les effectifs et le poids du matériel à transporter indiqués ci-contre.

A                Le                , le                189 .

### § 1er. — HOMMES (7).

| | EFFECTIF RÉEL (14). | NOMBRE DE PLACES OU NOMBRE D'ANIMAUX ET DE VOITURES, (En toutes lettres.) |
|---|---|---|
| 1re classe. Officiers généraux et supérieurs. / Officiers subalternes (8)......... | | |
| 2e classe. Officiers subalternes.......... | | |
| 3e classe. Hommes de troupe.......... / Cantinières et enfants de troupe (9). / Places inoccupées à taxer (10)... | | |
| Compartiments de 2e classe. | | |
| Places (aller et retour) à taxer à raison d'une par cheval de remonte non individuellement accompagné.................... | | |
| Chevaux d'officiers (12). | | |
| Chevaux et mulets de remonte de troupe (13). / de selle. | | |
| Chevaux et mulets de trait pour voitures. à 2 chevaux. / à 4 chevaux. | | |
| Animaux de boucherie. Bœufs et vaches.................... / Moutons.................... | | |
| Voitures, caissons et prolonges sur roues. à 2 roues...... / à 4 roues...... | | |

### § 2. — BAGAGES (7).

| | POIDS. |
|---|---|
| Poids total des bagages et effets des magasins transportés avec la troupe.................... | |
| A déduire, pour 30 kilogrammes de bagages transportés en franchise pour chaque place taxée (11).... | |
| RESTE.................... | |

### MATÉRIEL, APPROVISIONNEMENTS, ETC.

| | |
|---|---|
| Canons démontés ou sur affûts...... | |
| Affûts démontés ou sur roues...... | |
| Chargement des voitures.......... | |
| Voitures, caissons et prolonges démontés.................... | |
| Approvisionnements.................... | |
| POIDS TOTAL (en chiffres)... | |

### Notes

(1) Train ordinaire ou facultatif militaire ou spécial militaire.
(2) Indiquer la gare de départ que le bon concerne et son réseau.
(3) Indiquer la gare destinataire que le bon concerne et son réseau.
(4) Lorsque le trajet peut être effectué par des itinéraires différents, indiquer les points qui déterminent l'itinéraire à suivre.
(5) Indiquer si la troupe voyage avec ou sans équipement.
(6) Indiquer le corps.
(7) Les transports indiqués au paragraphe 1er sont taxés au nombre, ceux indiqués au paragraphe 2 sont taxés au poids. Biffer par un trait à l'encre celles des indications qui ne sont pas utilisées.
(8) Ceux seulement qui, dans les trains ordinaires, ne sont pas en nombre suffisant pour occuper un compartiment complet de 2e classe, ou sont en excédent d'un ou plusieurs compartiments complets.
(9) Indiquer le nombre des enfants de troupe de trois ans et au-dessus. Les enfants de troupe au-dessous de cet âge sont transportés gratuitement.
(10) Les soldats de toutes armes non équipés occupent, dans les compartiments des voitures à voyageurs, le même nombre de places que les voyageurs civils.
Quand les soldats voyagent équipés, il est accordé dix places pour 8 hommes.
Les places laissées vides sont utilisées pour le rangement des sacs, cuirasses, coiffures, outils, brides, etc.
Dans les wagons aménagés, le nombre de places occupées par les hommes équipés et par les hommes non équipés est indiqué sur le cartouche spécial à chaque wagon. Aucune place inoccupée pour le rangement des effets n'est accordée aux hommes équipés voyageant dans lesdits wagons.
(11) La diminution est basée sur le total des places payées (y compris celles inoccupées, à taxer).
(12) Indiquer dans le cadre ci-contre (13) le nombre des officiers ou employés de chaque grade et le nombre de chevaux appartenant à chacun de ces groupes d'officiers ou d'employés. Mentionner, s'il y a lieu, les positions spéciales donnant droit à un nombre de chevaux supérieur à celui ordinaire du grade. Lorsque les chevaux d'officiers voyagent isolément, indiquer le nom et le grade de l'officier.
(14) Indiquer exclusivement dans cette colonne l'effectif réel transporté en officiers, en hommes de troupe, en chevaux de chaque catégorie, en voitures, et les compartiments de prisonniers.
Le chiffre des places (aller et retour) doit être égal à celui des chevaux de remonte non individuellement accompagné.

### (13) DÉTAIL DES CHEVAUX.

ARME :

| Grade. | Effectif de chaque grade. | Nombre de chevaux. | TOTAUX. |
|---|---|---|---|
| OFFICIERS. | | | |
| TROUPE. Hommes ayant droit à un cheval...... | | | |
| Conducteurs ayant droit à deux chevaux (unités ou détachements constitués). | | | |
| TOTAL.................... | | | |

1.

## CERTIFICAT D'EXÉCUTION DE TRANSPORT.

Je soussigné, Commandant le détachement, certifie qu'il m'a été remis un billet collectif par la compagnie d
pour le transport jusqu'à la destination indiquée du personnel et du matériel ci-contre.

A , le 189 .

*(Signature.)*

## MUTATIONS SURVENUES PENDANT LA ROUTE[1].

| DÉSIGNATION DES STATIONS où les mutations ont été effectuées. | NATURE ET MOTIFS DES MUTATIONS. | MILITAIRES OCCUPANT DES PLACES | | | CHEVAUX et mulets. | VOITURES, CAISSONS ET PROLONGES | | POIDS | | VISA DU CHEF de la gare où la mutation a eu lieu. |
|---|---|---|---|---|---|---|---|---|---|---|
| | | de 1re classe. | de 2e classe. | de 3e classe. | | à 2 roues. | à 4 roues. | des bagages. | du matériel, approvisionnements, etc. | |
| 1 | 2 | 3 | 4 | 5 | 6 | 7 | 8 | 9 | 10 | 11 |
| | | | | | | | | | | |

*N. B.* Les ratures et es surcharges doivent être
rigoureusement approuvées.

A , le 189 .

*Le Chef de détachement,*

(1) Le présent tableau n'est rempli et signé
qu'en cas de mutation pendant la route.

## *MODÈLE* 9 (le remplacer par le modèle ci-dessous).

MODÈLE N° 9.

---

| GARE expéditrice. | { ......................... |
| GARE destinataire. | { ......................... |
| COMPAGNIE destinataire. | { ......................... |

CHEMIN DE FER D ........................

**GRANDE VITESSE.**

TRANSPORT DE TROUPES
effectué sur bon de chemin de fer.

BON DE CHEMIN DE FER N° .........
Délivré à ........................ le ........................

**BILLET COLLECTIF N°** ..............

Délivré le ........................
Train n° ......... pour le transport d'un détachement du (1) ........................ ,
commandé par ........................

| COMPAGNIES | GARE d'entrée. | GARE de sortie. | ITINÉRAIRE (2). |
|---|---|---|---|
| | | | |

---

| I. — HOMMES, CHEVAUX ET VOITURES SUR ROUES. | | NOMBRE. |
|---|---|---|
| Hommes. { 1re classe. | { Officiers généraux et officiers supérieurs ........... | ............ |
| | Officiers subalternes............................... | ............ |
| 2e classe. | Officiers subalternes............................... | ............ |
| | { Hommes de troupe........................... | ............ |
| 3e classe. | Cantinières et enfants de troupe................. | ............ |
| | Places inoccupées à taxer................ | ............ |
| Compartiments de 2e classe réservés pour détenus ou aliénés militaires.......... | | ............ |
| Compartiments de 3e classe réservés pour détenus ou aliénés militaires.......... | | ............ |
| Places aller et retour à taxer à raison d'une par cheval de remonte non individuellement accompagné ........................ | | ............ |

| (A) Chevaux d'officiers................ | | ............ |
|---|---|---|
| (A) Chevaux et mulets de troupe.. | { de remonte.............. | ............ |
| | de selle............... | |
| (A) Chevaux et mulets de trait pour voitures.................. | { à deux roues................. | ............ |
| | à quatre roues............. | ............ |
| Animaux de boucherie ......... | { ........................... | ............ |
| | ........................... | ............ |
| Voitures, fourgons d'ambulance, caissons et prolonges sur roues.. | { à deux roues............. | ............ |
| | à quatre roues ............. | ............ |
| Wagons d'ambulance................ | | ............ |

(A) Détail des chevaux (case n° 13 du bon de chemin de fer).

---

| GRADE. | EFFECTIF de chaque grade | NOMBRE de chevaux. | TOTAUX. |
|---|---|---|---|
| Officiers.... { | ............ | ............ | |
| | ............ | ............ | |
| Hommes ayant *droit* à un cheval.............. | ............ | | |
| Conducteurs ayant *droit* à deux chevaux........ | ............ | | |

---

| II. — BAGAGES ET MATÉRIEL. | | POIDS. |
|---|---|---|
| Bagages et effets des magasins transportés avec la troupe. Poids total........... | | ............ |
| Matériel, approvisionnements, etc. | { Canons démontés ou sur affûts................. | ............ |
| | Affûts démontés ou sur roues.................. | ............ |
| | Chargement des voitures................ | ............ |
| | Voitures, fourgons d'ambulance, caissons et prolonges démontés. | ............ |
| | Approvisionnements................................. | ............ |

(1) Indiquer le corps.
(2) Indiquer, pour chaque réseau, d'après le bon de chemin de fer, le point qui détermine l'itinéraire à suivre, lorsque le transport sur un même réseau peut être effectué par des itinéraires différents.

---

*Ce billet sera remis au chef de détachement par la gare de départ en échange du bon de chemin de fer. Il ne sera pas retiré à l'arrivée. Le chef de détachement le remettra, à l'arrivée à destination, à son chef de corps ou de service.*

## MUTATIONS SURVENUES PENDANT LA ROUTE (1).

| DÉSIGNATION DES STATIONS où les mutations ont été effectuées. | NATURE ET MOTIFS DES MUTATIONS. | MILITAIRES OCCUPANT DES PLACES | | | CHEVAUX. — MULETS. — Animaux de boucherie. | VOITURES, CAISSONS et prolonges | | POIDS | | VISA DES AGENTS des compagnies DE CHEMINS DE FER pour constatation des mutations. |
| | | de 1re classe | de 2e classe. | de 3e classe. | | à 2 roues. | à 4 roues. | des BAGAGES. | DU MATÉRIEL approvisionnement | |
| 1 | 2 | 3 | 4 | 5 | 6 | 7 | 8 | 9 | 10 | 11 |
| | | | | | | | | | | |

N. B. — Les ratures et les surcharges doivent être rigoureusement approuvées.

*Le Chef du détachement,*

(1) Le présent tableau n'est rempli et signé qu'en cas de mutation pendant la route.

Ajouter le modèle 10 ci-dessous.

e RÉGION

DE CORPS D'ARMÉE

SUBDIVISION DE RÉGION.

d

**MODÈLE Nº 10.**

Exécution du § 3 de l'article 24 du règlement sur les transports ordinaires et de la circulaire nº 12 du 19 août 1891.

NOTA. — Cet état doit être remis au chef de gare du chef-lieu de la subdivision dès la réception des ordres du Ministre et au moins *cinq jours* avant la date fixée pour la mise en route des militaires.

*ÉTAT des isolés à mettre en route des différentes gares de la subdivision de région.*

| NOMBRE D'ISOLÉS à mettre en route (1). | GARE DE DÉPART. | DESTINATION. | DATE DU DÉPART. | OBSERVATIONS. |
|---|---|---|---|---|
| | | | | |

(1) Ne réunir sur une même ligne horizontale que les isolés partant d'une même gare pour une même destination à une même date.

A            , le            189   .

*Le commandant du bureau de recrutement,*

## II. — Règlement sur les transports stratégiques.

### Article 7.

Note (1). — La remplacer par la suivante :
« Instruction ministérielle du 3 mai 1892. »

### Article 15.

Remplacer le deuxième paragraphe par le suivant :

« Si le départ d'une fraction de troupe ne peut s'effectuer par le train qui lui est assigné et qu'il ne soit pas possible de la mettre en route dans le délai prévu par les règlements ou ordres de service, des instructions sont demandées d'urgence à la commission de réseau, qui lui indique une nouvelle marche, après s'être entendue au préalable avec les commissions de réseau, de transit et de débarquement. »

Remplacer le quatrième paragraphe par les deux paragraphes suivants :

« Les trains qui subissent un retard en cours de route ne doivent jamais être retenus dans une gare de passage ou de bifurcation ; ils sont expédiés, dans les conditions techniques réglementaires, derrière le train après lequel ils se présentent.

« Le retard dans la marche d'un train ne doit jamais être la cause d'un arrêt dans le débit de la ligne de transport. »

### Article 54.

Remplacer tout l'article par le suivant :

« La destruction ou la mise hors de service d'aucun ouvrage d'art, qu'il soit miné ou non, situé dans la zone des armées, ne peut être ordonnée que par le Ministre, le commandant en chef du groupe d'armées (ou de l'armée opérant isolément) ou le directeur général (ou directeur) des chemins de fer et des étapes, dans les conditions prévues par le règlement sur la mise en œuvre des dispositifs de mine (articles 11 et 13).

« La destruction ou la mise hors de service de la voie et des ouvrages d'art est effectuée, en principe, par le personnel et dans les conditions prévues par le règlement précité, et, en cas de nécessité, par les troupes de chemins de fer ou par toute autre troupe susceptible d'être utilisée à cet effet. »

Supprimer la note (1).

Art. 2. Les Ministres de la guerre, de la marine et des travaux publics sont chargés, chacun en ce qui le concerne, de l'exécution du présent décret.

Fait à Paris, le 20 octobre 1894.

Signé : CASIMIR-PERIER.

Par le Président de la République :

*Le Ministre de la guerre,*
Signé : A. MERCIER.

*Le Ministre de la marine,*
Signé : FÉLIX FAURE.

*Le Ministre des travaux publics,*
Signé : LOUIS BARTHOU.

*Décision ministérielle du 4 septembre 1894, modifiant certains documents relatifs aux transports militaires par chemins de fer.*

## APPENDICES.

(*Bulletin officiel*, partie réglementaire, 1er semestre 1890, no 32.)

*Modifications du 4 septembre 1894.*

### APPENDICE I.

#### RÈGLE 2.

Paragraphe 1er. Au lieu de : « du décret du 28 décembre 1883 »,
Mettre : « du décret du 20 octobre 1892 ».

#### RÈGLE 7.

La remplacer par la suivante :
« Le jour du départ, l'adjudant-major, accompagné d'un sous-officier, se rend à la gare deux heures au moins avant l'heure fixée pour le départ de la troupe du quartier.
« Il se présente, à son arrivée, au commissaire militaire et s'assure que rien n'est modifié dans les heures auxquelles les hommes, chevaux et voitures doivent être rendus à la gare, ainsi que dans la disposition des quais ou chantiers affectés à l'embarquement. Il rend compte immédiatement au commandant de la troupe des modifications que les nécessités du service technique obligeraient à introduire dans les instructions reçues. »

#### RÈGLE 8.

##### RECONNAISSANCE DU TRAIN.

Ajouter, après l'alinéa 1°, l'alinéa suivant :
« 2° Que, dans les wagons aménagés pour 36 hommes, les supports de bancs voisins des petits côtés du wagon sont bien placés à 0m,50 desdits petits côtés du wagon ainsi que les extrémités des bancs intermédiaires et de la planche servant de dossier, et que les supports voisins du milieu des wagons sont bien placés à une distance telle des petits côtés du wagon qu'ils affleurent les extrémités des bancs appuyés aux grands côtés. »
Numéroter les alinéas anciens 2° et 3° respectivement 3° et 4°.

## RÈGLE 11.

### CONTENANCE DES WAGONS.

Supprimer le quatrième paragraphe :

« Dans les wagons à marchandises aménagés pour les hommes, le chiffre de contenance inscrit sur les parois des wagons est applicable sans réduction, que les hommes soient ou non équipés »,

Et le remplacer par le texte suivant :

« Dans les wagons à marchandises, les hommes armés ou non, voyageant sans leur équipement, seront toujours embarqués au nombre de 40.

« Les hommes équipés seront embarqués au nombre de 32, 36 ou 40, selon la longueur du wagon.

« Ces nombres sont indiqués sur le cartouche placé sur chaque wagon. Le premier chiffre indique le nombre d'hommes équipés, le deuxième le nombre d'hommes non équipés (40 uniformément) que peut recevoir le wagon, comme il est indiqué ci-après :

| | | |
|---|---|---|
| HOMMES 32 — 40 | Wagon pouvant recevoir... | 32 hommes équipés ou 40 hommes non équipés. |
| HOMMES 36 — 40 | Wagon pouvant recevoir... | 36 hommes équipés ou 40 hommes non équipés. |
| HOMMES 40 | Wagon pouvant recevoir... | 40 hommes équipés ou non. |

## RÈGLE 14.

Remplacer le dernier paragraphe par le suivant :

« Les places des hommes qui sont employés à l'embarquement des chevaux et voitures sont réservées dans leur escouade au premier rang. »

## RÈGLE 15.

### EMBARQUEMENT DES HOMMES.

Placer comme 1re observation ce qui suit :

« 1re observation. — Certains wagons aménagés peuvent, en raison de leur longueur, transporter 36 hommes au lieu de 32. Dans ces wagons, les supports du milieu du wagon sont à une distance telle des petits côtés du wagon qu'ils affleurent les extrémités des bancs appuyés aux grands côtés; de plus, les bancs intermédiaires et la planche servant de dossier sont tirés vers le milieu du wagon de manière que leurs extrémités se trouvent à 0<sup>m</sup>,50 des petits côtés du wagon.

« Lorsque des wagons de cette nature entrent dans la composition des trains, chaque fraction de 36 hommes, une fois arrêtée devant le wagon dans lequel elle doit s'embarquer, est formée en huit files, comprenant :

« Les files n<sup>os</sup> 1, 4, 5 et 8 : 4 hommes;

« Les files n<sup>os</sup> 2, 3, 6 et 7 : 5 hommes, et s'embarque ensuite comme il vient d'être expliqué pour les fractions de 32 hommes.

« Les faisceaux, comprenant neuf fusils, sont formés au milieu de l'intervalle libre des bancs.

« Les sacs sont disposés de la manière suivante :

« 1º Une pile de trois sacs à l'extrémité de chacun des bancs appuyés aux grands côtés, dans les coins du wagon;

« 2º Un sac servant à caler le pied de chaque faisceau de fusils;

« 3º Une pile de cinq sacs vis-à-vis de l'extrémité des bancs du milieu.

« Tous les sacs sont couchés à plat, de telle sorte que la gamelle individuelle soit tournée du côté des faisceaux. On place en dessus les sacs portant des marmites de campement. »

Ajouter après la 1<sup>re</sup> observation devenue 2<sup>e</sup> :

« 3<sup>e</sup> observation. — S'il est nécessaire d'utiliser pour les hommes des wagons à marchandises non pourvus de bancs, chacun de ces wagons recevra 40 hommes équipés, quel que soit le nombre porté sur le cartouche extérieur. Dans ce cas, les sacs, débarrassés du campement et des vivres, sont disposés à plat sur le sol du wagon, savoir : dix contre chacun des grands côtés (cinq de chaque côté des portes), et vingt sur deux files le long de la ligne médiane. Les hommes s'assoient sur leur sac et sont ainsi placés, ceux du milieu adossés l'un à l'autre deux à deux, les autres adossés aux grands côtés du wagon.

« Les armes sont arrimées par faisceaux de dix, comme il est prescrit. Le pain et le campement sont placés entre les faisceaux de fusils, le long des parois des petits côtés, les vivres dans les musettes. »

La 2<sup>e</sup> observation devient 4<sup>e</sup> observation.


## RÈGLE 17.


Remplacer les septième et huitième paragraphes par les suivants :

« Pour utiliser la poulie, on l'accroche au milieu de l'essieu d'arrière-train de la voiture, soit à l'aide d'une chaîne, soit à l'aide d'une jarretière embrassant l'essieu de plusieurs tours. On y fait passer une prolonge dont une extrémité est accrochée au truc (côté extérieur ou essieu). Les hommes disponibles s'appliquent à l'extrémité libre et concourent ainsi au mouvement d'ascension de la voiture sur la rampe.

« Pour utiliser la prolonge seule, on l'attache au côté extérieur ou à l'essieu du truc, on lui fait faire un tour ou deux autour de l'essieu de l'arrière-train, et les hommes disponibles s'appliquent à l'extrémité libre. »

### RÈGLE 24.

Dans le neuvième paragraphe, remplacer la phrase :
« Une prolonge est attachée..... autour de l'essieu du wagon »
Par la phrase suivante :
« Une prolonge est attachée au côté extérieur ou à l'essieu du truc, passée dans la poulie fixée à l'essieu de l'arrière-train de la voiture, comme il est prescrit à la règle 17, ou, à défaut de poulie, enroulée une fois ou deux autour de cet essieu. »

### RÈGLE 30.

Ajouter le paragraphe suivant :
« D'une manière générale, les roues d'arrière-train de rechange des voitures du génie sont enlevées avant l'embarquement et placées sur les trucs. Ces roues ne sont remises en place sur les voitures qu'après le débarquement. »

### RÈGLE 31.

#### CONTENANCE DES WAGONS.

Ajouter le paragraphe suivant :
« Toutes les longueurs précédentes ne s'appliquent qu'aux trucs à fond plat; elles doivent être majorées de $0^m,50$ pour les trucs garnis de traverses. »

# APPENDICE II.

## RÈGLE 2.

Paragraphe 1<sup>er</sup>. Au lieu de :
« .. du décret du 28 décembre 1883 ».
Mettre :
« ... du décret du 20 octobre 1892 ».

## RÈGLE 8.

La remplacer par la suivante :
« Le jour du départ, l'officier préposé au chargement, accompagné du sous-officier d'approvisionnement, se rend à la gare deux heures au moins avant l'heure fixée pour le départ de la troupe du quartier.
« Il se présente, à son arrivée, au commissaire militaire, et s'assure que rien n'est modifié dans les heures auxquelles les hommes, chevaux et voitures doivent être rendus à la gare, ainsi que dans la disposition faite des quais ou chantiers affectés à l'embarquement. Il rend compte immédiatement au commandant de la troupe des modifications que les nécessités du service technique obligeraient à introduire dans les instructions reçues.

## RÈGLE 9.

### RECONNAISSANCE DU TRAIN.

Ajouter, après l'alinéa 1°, l'alinéa suivant :
« 2° Que, dans les wagons aménagés pour 36 places, les supports de bancs voisins des petits côtés du wagon sont bien placés à 0$^m$,50 desdits petits côtés du wagon ainsi que les extrémités des bancs intermédiaires et de la planche servant de dossier, et que les supports voisins du milieu des wagons sont bien placés à une distance telle des petits côtés du wagon qu'ils affleurent les extrémités des bancs appuyés aux grands côtés. »
Numéroter les alinéas anciens 2° et 3° respectivement 3° et 4°.

## RÈGLE 12.

### CONTENANCE DES WAGONS.

Pour le transport des hommes.

Supprimer le quatrième paragraphe :
« Dans les wagons à marchandises aménagés pour les hommes,

le chiffre de contenance inscrit sur les parois des wagons est applicable sans réduction, que les hommes soient ou non équipés. »

Et le remplacer par le texte suivant :

« Dans les wagons à marchandises, les hommes, armés ou non, voyageant sans leur équipement, seront toujours embarqués au nombre de 40.

« Les hommes équipés seront embarqués au nombre de 32, 36 ou 40, selon la longueur du wagon. Ces nombres sont indiqués sur le cartouche placé sur chaque wagon.

« Le premier chiffre indique le nombre d'hommes équipés, le deuxième le nombre d'hommes non équipés (40 uniformément) que peut recevoir le wagon, comme il est indiqué ci-après :

| | | |
|---|---|---|
| HOMMES 32 — 40 | Wagon pouvant recevoir... | 32 hommes équipés ou 40 hommes non équipés. |
| HOMMES 36 — 40 | Wagon pouvant recevoir... | 36 hommes équipés ou 40 hommes non équipés. |
| HOMMES 40 | Wagon pouvant recevoir... | 40 hommes équipés ou non. |

Ajouter :

« Nota. — Les cuirassiers non équipés sont embarqués dans les mêmes conditions que les cavaliers des autres subdivisions d'armes ; mais quand ils sont équipés, ils n'occupent :

Que 6 places sur 10 dans les wagons de 3ᵉ classe ;

Que 32 places dans les wagons aménagés. »

Pour le transport des voitures.

A l'exception 3°, au lieu de :

« La fourragère se charge seule »,

Mettre :

« La fourragère et le fourgon-forge se chargent seuls. »

### RÈGLE 17.

#### EMBARQUEMENT DES HOMMES.

Placer comme 1ʳᵉ observation ce qui suit :

« 1ʳᵉ observation. — Certains wagons aménagés peuvent, en raison de leur longueur, transporter 36 hommes au lieu de 32. Dans ces wagons, les supports du milieu du wagon sont à une distance telle des petits côtés du wagon qu'ils affleurent les extrémités des bancs appuyés aux grands côtés ; de plus, les bancs intermédiaires et la planche servant de dossier sont tirés vers le milieu du wagon, de manière que leurs extrémités se trouvent à 0ᵐ,50 des petits côtés du wagon.

« Lorsque des wagons de cette nature entrent dans la composition des trains, chaque fraction de 36 hommes, une fois arrêtée

devant le wagon dans lequel elle doit s'embarquer, est formée en huit files, comprenant :

« Les files n^os 1, 4, 5 et 8 : 4 hommes;

« Les files n^os 2, 3, 6 et 7 : 5 hommes;
et s'embarque ensuite comme il vient d'être expliqué pour les fractions de 32 hommes.

« Les faisceaux comprenant neuf carabines, sont formés au milieu de l'intervalle libre des bancs. »

Numéroter les observations anciennes 1° et 2° respectivement 2° et 3°.

*Cuirassiers.* — Remplacer le 1^er paragraphe par la rédaction suivante :

« Les carabines sont placées comme il est prescrit pour les autres subdivisions de l'arme, soit dans les wagons de 3^e classe, soit dans les wagons aménagés.

« Dans les wagons de 3^e classe, les cuirasses sont disposées sous les banquettes par piles de deux paires, les sabres dans les cuirasses, les casques aux places laissées libres.

« Dans les wagons aménagés, les cuirasses sont placées sous les bancs et les sabres verticalement en faisceaux dans les coins du wagon, retenus par une courroie de manteau qui les embrasse au-dessous de la poignée; les casques, aux places laissées libres. »

RÈGLE 18.

Remplacer les huitième et neuvième paragraphes par les suivants :

« Pour utiliser la poulie, on l'accroche au milieu de l'essieu d'arrière-train de la voiture, soit à l'aide d'une chaîne, soit à l'aide d'une jarretière embrassant l'essieu de plusieurs tours. On y fait passer une prolonge dont une extrémité est accrochée au truc (côté extérieur ou essieu). Les hommes disponibles s'appliquent à l'extrémité libre et concourent ainsi au mouvement d'ascension de la voiture sur la rampe.

« Pour utiliser la prolonge seule, on l'attache au côté extérieur ou à l'essieu du truc, on lui fait faire un tour ou deux autour de l'essieu de l'arrière-train et les hommes disponibles s'appliquent à l'extrémité libre. »

RÈGLE 27.

Dans le quatrième paragraphe, remplacer la phrase :

« Une prolonge est attachée..... autour de l'essieu du wagon »,
Par la phrase suivante :

« Une prolonge est attachée au côté extérieur ou à l'essieu du truc, passée dans la poulie fixée à l'essieu de l'arrière-train de la voiture, comme il est prescrit à la règle 18, ou, à défaut de poulie, enroulée une fois ou deux autour de cet essieu. »

# APPENDICE III.

## REGLE 2.

Paragraphe 1<sup>er</sup>. Au lieu de :
« ... du décret du 28 décembre 1883 »,
Mettre :
« ... du décret du 20 octobre 1892 ».

## RÈGLE 8.

La remplacer par la suivante :
« Le jour du départ, l'officier préposé au chargement, accompagné du sous-officier d'approvisionnement, se présente à la gare deux heures au moins avant l'heure fixée pour le départ de la troupe du quartier.

« Il se présente, à son arrivée, au commissaire militaire et s'assure que rien n'est modifié dans les heures auxquelles les hommes, chevaux et voitures doivent être rendus à la gare, ainsi que dans la disposition faite des quais ou chantiers affectés à l'embarquement. Il rend compte immédiatement au commandant de la troupe des modifications que les nécessités du service technique obligeraient à introduire dans les instructions reçues. »

## RÈGLE 9.

### RECONNAISSANCE DU TRAIN.

Ajouter après l'alinéa 1°, l'alinéa suivant :
« 2° Que, dans les wagons aménagés pour 36 hommes, les supports des bancs voisins des petits côtés du wagon sont bien placés à 0<sup>m</sup>,50 desdits petits côtés du wagon, ainsi que les extrémités des bancs intermédiaires et de la planche servant de dossier, et que les supports voisins du milieu du wagon sont bien placés à une distance telle des petits côtés du wagon qu'ils affleurent les extrémités des bancs appuyés aux grands côtés. »
Numéroter les alinéas anciens 2° et 3° respectivement 3° et 4°.

## RÈGLE 12.

### CONTENANCE DES WAGONS.

Supprimer le quatrième paragraphe :
« Dans les wagons à marchandises aménagés pour les hommes, le chiffre de contenance inscrit sur les parois des wagons est

applicable sans réduction, que les canonniers soient ou non équipés »,

Et le remplacer par le texte suivant :

« Dans les wagons à marchandises, les hommes, armés ou non, voyageant sans leur équipement, seront toujours embarqués au nombre de 40.

« Les hommes équipés seront embarqués au nombre de 32, 36 ou 40, selon la longueur du wagon.

« Ces nombres sont indiqués sur le cartouche placé sur chaque wagon. Le premier chiffre indique le nombre d'hommes équipés, le deuxième le nombre d'hommes non équipés (40 uniformément) que peut recevoir le wagon, comme il est indiqué ci-après :

| HOMMES 32 — 40 | Wagon pouvant recevoir... | 32 hommes équipés ou 40 hommes non équipés. |
| HOMMES 36 — 40 | Wagon pouvant recevoir... | 36 hommes équipés ou 40 hommes non équipés. |
| HOMMES 40 | Wagon pouvant recevoir... | 40 hommes équipés ou non. |

Compléter le paragraphe « Observations » qui suit l'indication du nombre de chevaux à placer dans chaque wagon par l'alinéa suivant :

« Dans les wagons contenant des chevaux de trait et dans lesquels ne se trouve, par suite, qu'un bottillon porte-selle pouvant servir de siège, il est donné, comme deuxième siège, un bottillon de 0^m,80 ayant servi à l'embarquement du matériel. »

<h2 style="text-align:center">RÈGLE 17.</h2>

Paragraphe 6, renvoi n° 2. Au lieu de :

« L'embarquement des chevaux s'exécute avant celui des voitures... »,

Mettre :

« L'embarquement des chevaux s'exécute, en général, en même temps que celui des voitures. Toutefois, il peut être exécuté avant celui des voitures :

« 1° Dans les batteries à cheval ;

« . . . . . . . . . . . . . . . . . . »

<h2 style="text-align:center">RÈGLE 18.</h2>

Placer après le dernier alinéa du paragraphe 2° : « Chargement du dernier truc », l'observation suivante :

« Observation générale. — Dans le cas d'un chargement comprenant deux avant-trains sur un truc, s'il se trouve un avant-train de pièce, muni de dossier mobile, on devra avoir le soin de le charger le dernier, de manière que son timon soit toujours en l'air.

« On évitera ainsi de faire reposer sur le coffre, muni de dossier mobile, le timon de l'autre avant-train. »

### 4° *Chargement à l'aide de rampes.*

Remplacer les deuxième et troisième paragraphes par les suivants .

« Pour utiliser la poulie, on l'accroche au milieu de l'essieu d'arrière-train de la voiture, soit à l'aide d'une chaine, soit à l'aide d'une jarretière embrassant l'essieu de plusieurs tours. On y fait passer une prolonge dont une extrémité est accrochée au truc (côté extérieur ou essieu). Les hommes disponibles s'appliquent à l'extrémité libre et concourent ainsi au mouvement d'ascension de la voiture sur la rampe.

« Pour utiliser la prolonge seule, on l'attache au côté extérieur ou à l'essieu du truc, on lui fait faire un tour ou deux autour de l'essieu de l'arrière-train, et les hommes disponibles s'appliquent à l'extrémité libre. »

### RÈGLE 19.

#### EMBARQUEMENT DES HOMMES.

Placer comme 1<sup>re</sup> observation ce qui suit :

« 1<sup>re</sup> observation. — Certains wagons aménagés peuvent, en raison de leur longueur, transporter 36 hommes au lieu de 32. Dans ces wagons, les supports du milieu du wagon sont à une distance telle des petits côtés du wagon qu'ils affleurent les extrémités des bancs appuyés aux grands côtés; de plus, les bancs intermédiaires et la planche servant de dossier sont tirés vers le milieu du wagon, de manière que leurs extrémités se trouvent à 0^m,50 des petits côtés du wagon.

« Lorsque des wagons de cette nature entrent dans la composition des trains, chaque fraction de 36 hommes, une fois arrêtée devant le wagon dans lequel elle doit s'embarquer, est formée en huit files comprenant :

« Les files n^os 1, 4, 5 et 8 : 4 hommes;

« Les files n^os 2, 3, 6 et 7 : 5 hommes,

et s'embarquent ensuite comme il vient d'être expliqué pour les fractions de 32 hommes. »

Numéroter les observations anciennes 1° et 2° respectivement 2° et 3°.

## RÈGLE 26.

Dans le cinquième paragraphe, remplacer la phrase :
« Une prolonge est attachée..... autour de l'essieu du wagon »,
Par la phrase suivante :
« Une prolonge est attachée au côté extérieur ou à l'essieu du truc, passée dans la poulie fixée à l'essieu de l'arrière-train de la voiture, comme il est prescrit à la règle 18, ou, à défaut de poulie, enroulée une fois ou deux autour de cet essieu. »

## RÈGLE 41.

Après le paragraphe :
« Les conducteurs emportent toujours leurs armes dans les wagons »,
Ajouter le suivant :
« Pour l'embarquement d'une ambulance, les bâts avec cacolets sont placés, à raison de quatre par wagon, dans les wagons à chevaux ; les autres sont placés dans le fourgon de service de queue du train. »

## RÈGLE 43.

1<sup>re</sup> **catégorie.** — Voitures à tournant complet, mais volumineuses.
Ajouter : « Fourgon-forge ;

« Ambulances. { ...........................................
{ Fourgon d'ambulance. »
2<sup>e</sup> **catégorie.** — Voitures à 4 roues :
Supprimer : « Fourgon-forge ;
« Fourgon d'ambulance ».

### *Contenance des wagons.*

Après le dernier paragraphe, ajouter :
« Toutes les longueurs précédentes ne s'appliquent qu'aux trucs à fond plat ; elles doivent être majorées de $0^m,50$ pour les trucs garnis de traverses. »

### *Embarquement des voitures.*

Après le premier paragraphe, ajouter les deux paragraphes suivants :
« Toutefois, l'embarquement d'une voiture lourdement chargée peut être facilité par le déchargement préalable des objets qu'elle contient. Ces objets sont replacés sur la voiture dès que celle-ci est à sa place sur le truc.

« Les chargements portés par les fourragères de certaines voitures doivent être enlevés avant l'embarquement, les fourragères repliées sur les voitures et les chargements déposés sur les trucs pendant le transport. »

## RÈGLE 44.

### CHARGEMENT SUR TRUCS DES FOURS ROULANTS DES BOULANGERIES DE CAMPAGNE AU MOYEN DE GRUES.

Ajouter au sixième paragraphe :
« Les cordages reliant les crochets aux roues de l'avant-train doivent avoir 0^m,60 environ de plus que ceux qui aboutissent aux roues de l'arrière-train. »
Ajouter la règle 44 *bis* suivante :

### « RÈGLE 44 *bis*.

### « CHARGEMENT A BRAS SUR TRUCS DES FOURS ROULANTS DES BOULANGERIES DE CAMPAGNE.

« *a*) Le chargement à bras des fours roulants ne sera exécuté que sur les trucs remplissant les conditions spécifiées pour le matériel roulant en vue des transports militaires. (Note 5 aux règlements, décision ministérielle du 25 avril 1860.)

« *b*) Chargement d'un four sur un wagon ayant une porte d'au moins 3 mètres sur chaque face vers les extrémités.

« *Matériel nécessaire.* — Des cales de roues, des ponts volants en quantité suffisante pour garnir l'emplacement de la porte rabattue.

« *Personnel nécessaire.* — 1 chef d'équipe et 14 hommes : 2 aux cales, 2 à chaque roue, 2 à la volée, 2 au bout du timon.

« *Manœuvre.* — Amener le four perpendiculairement à la longueur du quai, l'arrière à 1^m,50 environ du bord du quai et vis-à-vis de la porte abattue et garnie de ponts volants, s'il y a lieu, dans une position telle que la ligne extérieure prolongée des roues du côté de la voiture qui est près du milieu du truc soit à 0^m,30 environ en dedans de l'ouverture de la porte. (Figure XXV *bis*.)

« Le timon étant maintenu droit, faire effort pour faire monter l'arrière-train jusque sur le truc et arrêter.

« Incliner le timon en dedans jusqu'à ce que l'arête du coffre du four vienne se projeter sur l'axe du timon.

« Faire effort pour faire monter l'avant-train jusque sur le truc en inclinant de plus en plus le timon en dedans, mais de manière que la roue d'avant-train extérieure ne dépasse pas le bord du pont. Dans ce mouvement, les hommes aux roues de l'arrière-train règlent leur effort de manière à faire reculer la voiture et à l'amener au milieu du truc.

Le mouvement terminé, le coffre du four doit être parallèle aux grands côtés du wagon, les roues à égale distance de ceux-ci et le timon perpendiculaire au coffre.

« Régulariser la position, s'il y a lieu ; ôter le timon et le poser sur ses supports ; remettre l'avant-train droit.

« c) Chargement par-dessus le grand côté, la hauteur de celui-ci ne dépassant pas 0^m,20.

« *Matériel*. — En plus de celui nécessaire précédemment, 3 mètres de bottillons en paille.

« *Personnel*. — 1 chef d'équipe, 16 hommes, dont 2 aides s'appliquant successivement aux roues de l'arrière-train ou de l'avant-train, suivant le besoin.

« *Manœuvre*. — Etablir avec les ponts-volants jointifs un pont d'au moins 3 mètres de largeur et dont le côté extérieur soit à environ 1^m,30 de l'extrémité du truc. Placer sur le truc des bottillons jointifs et à la tête du pont.

« La manœuvre s'exécute ensuite comme précédemment, les deux auxiliaires aidant les hommes aux roues de derrière dans la première partie du mouvement et ceux aux roues de devant ou à la volée dans la deuxième partie.

« d) Déchargement dans le cas où le wagon a une porte d'au moins 3 mètres sur chaque face.

« Même personnel et même matériel que pour le chargement cas *b*.

« L'opération s'exécute absolument en sens inverse de celle de l'embarquement en réglant le mouvement du timon de manière que la roue qui est le plus près de l'ouverture du milieu de la porte en passe à environ 0^m,30.

« e) Déchargement par-dessus le grand côté, celui-ci n'ayant pas plus de 0^m,20.

*Matériel*. — Comme dans le cas *c* et en plus deux grandes cales, quatre bouts de madriers d'environ 0^m,50 et quatre leviers de manœuvre.

« Même personnel que dans le cas *c*.

« Les ponts-volants et les bottillons sont disposés comme dans le cas *c*. Deux grandes cales sont en outre placées en avant des bottillons, sur le passage des roues de l'avant-train, pour former une rampe. Tous les hommes font effort pour faire monter les roues de l'avant-train sur les ponts-volants.

« Le reste du mouvement s'exécute comme dans le cas précédent, en se servant des leviers de manœuvre prenant appui sur les bouts de madriers convenablement disposés pour faire gravir aux roues de l'arrière-train la rampe formée par les cales et les bottillons. »

RÈGLE 46.

Ajouter :

« *Arrivée de la troupe à la gare*. — Au moins deux heures pour les batteries et deux heures et demie pour les sections de munitions, si l'embarquement doit s'effectuer à quai ;

« Au moins deux heures et demie pour les batteries et trois heures pour les sections de munitions, si l'embarquement doit s'effectuer à l'aide de rampes. »

Ajouter à la fin de l'appendice III :

« Embarquement du matériel de 120ᵐ court. »

### RÈGLE 69.

« Les prescriptions contenues dans les règles 46 à 49, relativement à l'embarquement des batteries de 95ᵐᵐ, sont applicables au matériel de 120ᵐᵐ court, sauf les exceptions suivantes :

« 1° Il ne sera embarqué qu'une voiture (deux essieux) par truc ;

« 2° Si le nombre des voitures excède le nombre des trucs disponibles, un certain nombre d'arrière-trains de caissons seront embarqués, deux par deux, sur le même truc, et les avant-trains correspondants seront répartis sur les trucs portant les fourgons ou la voiture de cantinière. Dans ce cas, ces derniers trucs devront remplir les conditions prescrites par la règle 43 du présent appendice. »

## APPENDICE IV.

OBSERVATIONS GÉNÉRALES.

Ajouter après le dernier paragraphe le paragraphe suivant :

« Il reste d'ailleurs bien entendu qu'on ne devra, en principe, charger qu'un fourgon par truc. Si la composition du train exige absolument que les fourgons ne soient pas chargés seuls, on pourra mettre sur un truc, soit deux fourgons, soit plutôt un fourgon et une demi-voiture. »

## APPENDICE V.

Le supprimer tout entier et le remplacer par le texte de la notice n° 11 au règlement du 31 octobre 1892 sur le service de santé de l'armée en campagne (chapitre Iᵉʳ, *Evacuations par chemins de fer*.

# APPENDICE VI.

---

5. — CHARGEMENT SUR WAGON DES RAMPES EN CHARPENTE ET A
LONGRINES.

Rampes à longrines en acier, modèle 1888.

Remplacer toute la règle relative aux rampes à longrines en acier, modèle 1888, par la suivante :

« Rampes à longrines en acier, modèle 1888.

« Chargement sur un wagon. — On peut charger :

« 5 rampes à longrines en acier, modèle 1888, sur les trucs ayant au moins 2$^m$,26 de largeur intérieure et 5$^m$,35 de longueur intérieure.

« Le chargement des pièces doit s'opérer rigoureusement dans l'ordre indiqué par la planche XIX ci-jointe (remplaçant la planche XIX des appendices) permettant l'enlèvement successif de chaque rampe sans compromettre la sécurité du chargement des autres pièces restant sur le wagon.

« 10 hommes sont nécessaires pour le chargement d'un truc :

« 2 hommes sont placés dans le magasin pour dégager les différentes pièces à charger ;

« 2 hommes transportent les longrines ;

« 2 hommes transportent les panneaux ;

« 4 disposent le chargement sur le truc.

« Toutes les pièces sont maintenues au moyen de 4 prolonges, dont 2 en long et 2 en travers. Ces prolonges sont fixées au truc. Toutefois, si le truc employé ne porte aucun moyen d'attache qui puisse être utilisé pour les prolonges mises en travers, on se contente d'entourer solidement le chargement avec ces dernières. »

---

# APPENDICE VII.

## TITRE I<sup>er</sup>.

### CHAPITRE I<sup>er</sup>.

#### ARTICLE 1<sup>er</sup>.

Renvoi (1) Au lieu de :
« Voir à la planche XXXI »,
Il faut mettre :
« Voir à la planche XXXVI. »

#### ARTICLE 5.

Remplacer le dixième paragraphe par les suivants :
« Il lui appartient de prendre, au nom de la commission de gare, les mesures nécessaires pour assurer la continuité des transports, quand bien même l'ordre de succession des trains prévu dans les ordres de service viendrait à être troublé. A cet effet, il se conforme aux prescriptions suivantes :
« Si le retard au départ est inférieur à six heures, le chef de gare a toute qualité pour mettre le train en marche dès que cela est possible, en se conformant aux règles et instructions de la compagnie à laquelle il appartient.
« Si le retard est égal ou supérieur à six heures, le train est garé, la sous-commission ou la commission de réseau est informée de l'incident par télégramme, et le train n'est mis en route que sur de nouveaux ordres de cette commission.
« Si le retard a lieu en cours de route, le train retardé suit celui derrière lequel il se présente ; il ne doit jamais être retenu dans une gare de passage. »

#### ARTICLE 11.

Ajouter à la fin de l'article :
« Pour toutes les commissions et tous les commandements de gare, sauf pour les commissions de gare de mobilisation et de station-magasin, le commissaire militaire est considéré comme chef de détachement des secrétaires et plantons de cette commission : il les administre au titre du corps auquel ils appartiennent (1). »

En note :

(1) « Les secrétaires et plantons seront nourris par l'habitant, en exécution de la loi sur les réquisitions. Les reçus de prestation ou les certificats de nourriture seront délivrés et signés par le commissaire militaire.

« Le même officier dressera, par quinzaine et au titre du corps auquel appartiennent les militaires, des états de solde qu'il signera et présentera ou fera présenter à l'ordonnancement du fonctionnaire de l'intendance le plus voisin.

« La perception de l'état de solde aura lieu chez l'agent des finances le plus à proximité, à la diligence du commissaire militaire, qui utilisera au besoin la voie ferrée pour lui ou le secrétaire qu'il chargera de la perception.

« Le commissaire militaire tiendra une situation de dizaine, dans laquelle sera portée journellement la situation des hommes au point de vue des allocations de solde et des rations en nature. (Colonne 57 de la situation.)

« Ladite situation sera ensuite transmise, par les soins du commissaire militaire, au corps auquel appartiennent les hommes, pour lui permettre d'établir les feuilles de journées. »

ARTICLE 16, dernière ligne.

Au lieu de :
« (Article 3) »,
Mettre :
« (Article 5) ».

ARTICLE 19.

Ajouter :
« Il demande ce renseignement au commandant de l'unité transportée. »

ARTICLE 21.

Troisième paragraphe. Au lieu de :
« ..... service des places (23 octobre 1883) »,
Mettre :
« ..... service des places (4 octobre 1891) ».

ARTICLE 28.

Remplacer les trois premiers paragraphes par le suivant :
« La concentration terminée, le personnel des commissions de gare de débarquement est mis à la disposition du directeur général des chemins de fer et des étapes pour former, suivant les besoins, les commandements de gare. »

ARTICLE 41.

Placer, après l'alinéa 1°, l'alinéa suivant :
« 2° Que, dans les wagons aménagés pour 36 places, les supports de bancs voisins des petits côtés du wagon sont bien placés à $0^m,50$ desdits petits côtés du wagon, ainsi que les extrémités des bancs intermédiaires et de la planche servant de dossier, et que les supports voisins du milieu du wagon sont bien placés à une distance telle des petits côtés du wagon qu'ils affleurent les extrémités des bancs appuyés aux grands côtés. »
Numéroter les alinéas anciens 2° et 3° respectivement 3° et 4°.

ARTICLE 42.

Remplacer les deuxième et troisième paragraphes par le suivant :

« Si le retard subi par le train ne doit pas dépasser six heures, la commission de gare fixe l'heure à laquelle l'élément doit se présenter de nouveau à la gare, le point où il doit s'embarquer ou achever son embarquement et l'heure de départ du train.

« Si le retard doit être égal ou supérieur à six heures, le départ de la troupe en chemin de fer n'a lieu que sur de nouveaux ordres émanés de la commission de réseau. »

## ARTICLE 56.

Deuxième paragraphe. Le remplacer par les suivants :

« Le Ministre fixe, pour chaque région de corps d'armée, le nombre des commissions de débarquement à constituer dès le temps de paix.

« Le personnel de ces commissions est désigné :

« 1° En ce qui concerne les commissaires militaires et leurs adjoints, par le Ministre, parmi les officiers du service des chemins de fer et des étapes ;

« 2° En ce qui concerne le personnel auxiliaire (plantons et secrétaires), par chaque commandant de corps d'armée.

« La répartition du personnel entre les commissions de débarquement est faite au moment du besoin.

« La concentration terminée, le personnel complet des commissions de débarquement (officiers et personnel auxiliaire) est mis à la disposition du directeur général des chemins de fer et des étapes. »

## ARTICLE 65.

Ajouter le paragraphe suivant :

« Les fonctions de comptable entrepositaire dans les gares de rassemblement sont remplies par les officiers d'administration ou agents de chacun des services qui y sont représentés. Pour les services qui n'auraient pas de représentant à la gare de rassemblement, l'officier d'administration comptable de l'habillement et du campement est chargé du transit de leur matériel. »

## ARTICLE 66.

Premier paragraphe. Au lieu de :
« Il donne des instructions à l'officier d'administration comptable pour..... »,
Mettre :
« Il donne des instructions à l'officier d'administration ou agent comptable du service intéressé pour..... ».

## ARTICLE 67.

Deuxième paragraphe. Au lieu de :
« ..... l'officier d'administration comptable procède..... »,

Mettre :

« ..... l'officier d'administration ou l'agent comptable du service intéressé procède..... ».

## Article 68.

Premier paragraphe. Au lieu de :

« ..... pour assister le comptable dans les opérations..... »,

Mettre :

« ..... pour assister le comptable du service intéressé dans les opérations..... ».

Deuxième paragraphe. Au lieu de :

« ..... sous la surveillance spéciale du comptable..... »,

Mettre :

« ..... sous la surveillance spéciale du comptable du service intéressé. »

TABLEAU A.

## Composition du personnel des commissions et commandements de gare.

Compléter le tableau comme il est indiqué ci-après :

| DÉSIGNATION du PERSONNEL. | | | DE STATIONS HALTES-REPAS de 1re catégorie. | de 2e catégorie. | de 3e catégorie. | | | de stations-magasins (q). | | | | de stations têtes d'étapes de guerre. |
|---|---|---|---|---|---|---|---|---|---|---|---|---|
| ............ | | | | | | | | | | | | |
| Adjudant d'administration.... | » | » | 1 (p) | 1 (p) | » | » | » | 3 (n) | » | » | » | 2 (n) |
| ............ | | | | | | | | | | | | |

............ (p) Du cadre auxiliaire. Pour les haltes-repas, dont le comptable est en même temps gestionnaire du service des subsistances de la place, le nombre des adjudants d'administration à y affecter est de 2. — (q) La composition des personnels administratifs, indiquée au présent tableau pour les stations-magasins, n'est qu'une moyenne et peut varier pour chaque station-magasin selon l'importance du service à assurer.

*Tableau des documents et règlements militaires*
*nécessaires aux commissions et commandements de gare.*

Ajouter :
« Règlement du 21 mars 1893 sur les prisonniers de guerre :

« 1 exemplaire pour chaque commission ou commandement de gare.
« Carnet d'ordre de réquisitions.  1 ⎰ pour les commissions de débarquement
« Carnet de reçus.............  1 ⎱ et commandements de gare.
« Etat de solde pour la troupe. 10 ⎰ pour toutes les commissions, sauf les
« Situations de dizaine....... 5 ⎱ commissions d'embarquement, de mobilisation et de station-magasin.

« Un exemplaire du décret du    et de la décision ministérielle du    modifiant certains documents relatifs aux transports militaires par chemins de fer............. ⎱ pour toutes les commissions et commandements de gare. »

## APPENDICE VIII.

Le supprimer tout entier et le remplacer par le texte de l'instruction du 3 mai 1892 sur l'organisation et le fonctionnement des stations-haltes-repas et sur l'alimentation pendant les transports stratégiques.

# APPENDICE X.

## CHAPITRE III.

Deuxième paragraphe. Au lieu de :
« ..... prescrit par les articles 7 et 8 de l'instruction du 28 avril 1888 (appendice VIII) »,
Mettre :
« ..... prescrit par les articles 7 et 8 de l'instruction du 3 mai 1892 (appendice VIII). »

## CHAPITRE IV.

### II. — Expériences de haltes-repas.

Premier paragraphe. Au lieu de :
« ..... seront exécutées une fois par an dans une de ces stations, par région de corps d'armée »,
Mettre :
« ..... seront exécutées, chaque année, dans certaines stations désignées par le Ministre. »

## CHAPITRE V.

Supprimer le troisième paragraphe et les suivants jusqu'à la fin du chapitre et les remplacer par le texte suivant :
« La durée de chacune de ces périodes n'excède pas dix jours, y compris l'aller et le retour s'il y a lieu; elle est fixée chaque année par le Ministre (Etat-major de l'armée, 4° Bureau) pour les diverses catégories d'officiers.
« L'époque de ces périodes est également déterminée par le Ministre, sur la proposition du commandant de la région dans laquelle se trouve le lieu de convocation.
« Les convocations sont adressées aux officiers par le commandant du corps d'armée sur le territoire duquel est placé le point qu'ils doivent rejoindre à la mobilisation.
« Les officiers du service des chemins de fer et des étapes sont convoqués et instruits dans des conditions variant avec la nature des attributions qui leur sont dévolues à la mobilisation et d'après les principes suivants :

## « A. — Officiers du service des étapes.

« Les officiers appartenant au service des étapes d'une armée sont convoqués ensemble, soit à leur point de mobilisation, soit au quartier général du corps d'armée sur le territoire duquel se trouve ce point, en même temps que le directeur des étapes de cette armée et les officiers de son état-major. L'instruction est donnée sous la direction du directeur des étapes.

« Le programme d'instruction est établi par le directeur des étapes, soumis au commandant du corps d'armée et approuvé par le Ministre.

« Il comprend des conférences sur le service des étapes, des exercices pratiques sur la prise de possession et l'organisation complète, en commandements ou gîtes d'étapes, d'une ou de plusieurs localités situées à proximité du lieu de convocation, ainsi que la critique des dispositions prises par les officiers dans ces exercices pratiques. Chaque officier rédige un rapport relatif à la mission spéciale dont il est chargé.

« Après leur période d'instruction, les officiers sont notés par le directeur des étapes, qui adresse au commandant du corps d'armée un rapport sur les résultats obtenus, en même temps que les travaux rédigés par les officiers.

## « B. — Officiers du service des chemins de fer.

### 1° *Officiers affectés à des commissions de stations-magasins.*

« Ces officiers sont convoqués à la gare où ils sont appelés en cas de mobilisation, en même temps que les fonctionnaires de l'intendance et les officiers d'administration du service des subsistances affectés à la station-magasin.

« Ils assistent à des conférences faites par un officier de l'état-major de l'armée (4° Bureau) et présidées par le chef d'état-major du corps d'armée sur le territoire duquel se trouve la station-magasin.

### « 2° *Officiers affectés à des commissions de gare autres que celles de station-magasin.*

« Le lieu de convocation de ces officiers est fixé chaque année par le Ministre : il peut varier suivant la nature des commissions dont ils font partie.

« Les officiers destinés à former les commissions de débarquement, et devant rejoindre le même lieu de mobilisation, sont convoqués ensemble dans une localité dont la gare est pourvue de quais ou de chantiers de débarquement.

« Les officiers affectés à des commissions de haltes-repas sont, de préférence, convoqués dans une station-halte-repas et, autant que possible, dans une des stations où ont lieu des expériences.

« Les officiers affectés aux autres commissions sont convoqués avec ceux des haltes-repas.

« Les officiers appartenant à des commissions de gare appelées à fonctionner sur le territoire de différentes régions peuvent être réunis dans un même lieu de convocation.

« L'instruction est donnée à tous ces officiers par les commissaires militaires des réseaux ou leurs adjoints, dans des conférences présidées par le chef d'état-major du corps d'armée sur le territoire duquel se trouve le lieu de convocation.

« Avant de rejoindre leur résidence, les officiers sont envoyés dans les gares auxquelles ils sont affectés pour en faire la reconnaissance ; ils peuvent prendre communication des consignes techniques chez les chefs de gare. Les commandants de corps d'armée en préviennent les représentants des compagnies de chemins de fer accrédités auprès d'eux.

### « 3° *Dispositions communes à tous les officiers du service des chemins de fer.*

« Le chef d'état-major du corps d'armée sur le territoire duquel a lieu la convocation est chargé d'inspecter et de noter, au 1er degré, tous les officiers qui ont effectué une période d'instruction ; il établit un rapport sur les résultats obtenus.

« Tous ces officiers fournissent, d'après un programme individuel, qui leur est donné par le chef d'état-major du corps d'armée, un travail pratique comprenant :

« Le compte rendu de la reconnaissance de leur gare d'affectation ou d'une gare désignée, s'ils ne sont affectés à aucune, et le rôle spécial qu'ils auraient à y remplir ;

« Pour les officiers qui ont rempli les fonctions de commissaire militaire ou d'adjoint dans une gare de halte-repas, pendant une période de fonctionnement de cette gare, le journal des opérations et le relevé des observations de toute nature qu'ils auraient été à même de formuler.

« Si, parmi les officiers convoqués, il en est qui appartiennent à un corps d'armée autre que celui sur le territoire duquel a eu lieu la convocation, le chef d'état-major du corps d'armée, qui a présidé la période d'instruction, adresse aux commandants de corps d'armée intéressés les travaux pratiques de ces officiers et les notes qu'il leur a données.

### « C. — Dispositions communes à tous les officiers du service des chemins de fer et des étapes.

« Tous les travaux pratiques sont adressés soit par le directeur des étapes (pour les officiers du service des étapes), soit directement par les officiers eux-mêmes (officiers du service des chemins de fer), au chef d'état-major du corps d'armée dans lequel a eu lieu la convocation, dans les quinze jours qui suivent la clôture de la période d'instruction.

« Ils sont, sauf l'exception ci-après, renvoyés à bref délai aux intéressés après avoir été examinés et annotés, et servent de base aux propositions qu'il pourra y avoir lieu de faire ultérieurement en faveur de leurs auteurs.

« En rendant compte au Ministre des résultats obtenus dans la période annuelle d'instruction (voir ci-après, chapitre VI), les commandants de corps d'armée lui envoient, avec le programme des conférences et les notes de tous les officiers, les travaux sur lesquels il juge utile d'appeler son attention, en lui proposant les mesures de récompense ou autres qui peuvent être la conséquence de ces travaux.

### « D. — Dépenses que peuvent entraîner les convocations.

« Sur l'invitation qui lui est faite par le Ministre, chaque commandant de corps d'armée lui adresse, en même temps que les programmes des périodes d'instruction, sous le timbre de l'état-major de l'armée (4ᵉ Bureau), les aperçus des dépenses que doivent entraîner les frais de convocation des officiers et qui comprennent les allocations de toute nature auxquelles ils ont droit. Ces allocations sont celles prévues dans l'instruction sur l'administration des corps de l'armée territoriale (indemnité de route pour l'aller et le retour, solde du grade pour les journées de présence).

« Il est établi autant d'aperçus de dépenses qu'il est prévu de lieux de convocation. Chacun d'eux comporte un décompte spécial à chaque officier convoqué.

« Ne figurent pas sur cet aperçu :

« 1° Les frais de convocation des fonctionnaires de l'intendance et des officiers d'administration du service des subsistances affectés aux stations-magasins, ces frais devant être supportés par des crédits spéciaux alloués aux services administratifs ;

« 2° Les frais de convocation des officiers de l'armée active affectés à la direction des étapes, ces frais devant être supportés par le service de marche.

« Dès que l'approbation des programmes, les dates de convocation et l'ouverture des crédits lui ont été notifiés, le commandant de corps d'armée donne les ordres d'exécution. Si, parmi les officiers convoqués sur son territoire, il s'en trouve qui sont administrés par d'autres corps d'armée, il avise des dispositions prises pour les convocations les commandants des corps d'armée intéressés.

« Les dépenses effectuées pour les frais de convocation des officiers sont acquittées provisoirement par les soins de MM. les directeurs du service de l'intendance de chaque région ; elles sont ensuite remboursées directement au service de l'intendance sur les crédits ouverts au budget ordinaire au titre du service des chemins de fer. Dans les quinze jours qui suivent la dernière convocation, les intendants adressent au Ministre, sous le timbre de l'état-major de l'armée (4° Bureau), le relevé détaillé des dépenses effectuées.

## CHAPITRE VI.

### ÉTABLISSEMENT DES PROGRAMMES. — SURVEILLANCE ET COMPTE RENDU DES EXERCICES. — DÉPENSES.

*Comptes rendus.*

Cinquième paragraphe. Au lieu de :
« Avant le 1er octobre »,
Mettre :
« Avant le 1er décembre ».

#### DÉPENSES QUE PEUVENT ENTRAINER LES EXERCICES...

*Allocations de crédits.*

Paragraphe A, alinéa 2°. Supprimer :
« ... et les frais de convocation des officiers du service des chemins de fer et des étapes. »

*Mise en marche des trains.*

Remplacer le premier paragraphe par le suivant :
« Cette mise en marche, lors des exercices d'ensemble ou spéciaux, donne lieu au paiement aux compagnies des frais de location des machines, au prix uniforme de 7 francs par heure et par machine, toutes les fois que le trajet ne s'étend pas d'une gare à une autre, mais se trouve limité aux voies de la gare d'embarquement ou de ses dépendances et à leurs abords. »

#### Fonctionnement des hates-repas.

Supprimer l'alinéa 1° et avancer les numéros des autres alinéas d'une unité.
Alinéa 2° (devenu 1°). Au lieu de :
« ... chargé de la direction des conférences »,
Mettre :
« ... chargé de la préparation des expériences ».

Dépenses. — Catégorie B. — Frais d'éclairage.

Supprimer la phrase :
« Chaque exercice donne lieu à l'établissement, en simple expédition, d'un bon d'éclairage conforme au modèle n° 3, joint à la présente instruction ».
Et la remplacer par la suivante :
« Chaque exercice donne lieu à l'établissement, en simple expédition, d'un bon d'éclairage conforme au modèle n° 3 joint à la présente instruction et d'une copie conforme de ce bon. L'officier dirigeant les exercices remplit les cases relatives au nombre d'appareils allumés, signe le certificat d'exécution et remet le bon ainsi que la copie conforme de ce bon au représentant de la compagnie.
Le reste sans modifications.

## CHAPITRE VII.

BOTTILLONS. — Troisième paragraphe.

Au lieu de :
« 2 bottillons de 1$^m$,30 par wagons à chevaux »,
Mettre :
« 1 bottillon de 1$^m$,30 par 4 selles. »

Ajouter le modèle nº 4.

ᵉ CORPS D'ARMÉE.

ᵉ DIVISION.

ᵉ BRIGADE.

ᵉ Régiment d

*TRAINS mis en marche pour exercices militaires d'embarquements et de débarquements sur les voies ferrées.*

MODÈLE Nº 4.

Chemins de fer d

Gare d

# BULLETIN DE CONSTATATION.

**Machine Nº**

**Mécanicien :**

## DURÉE

DU TEMPS PENDANT LEQUEL LA MACHINE A ÉTÉ EMPLOYÉE.

Heure de la mise en tête du train (1) :        h.        m.        du
Heure de la cessation des exercices (2) :      h.        m.        du

Durée effective pendant laquelle la
machine a été employée.........        h.        m,

A                    , le                    189  .

*Dressé et certifié*
*par le chef de gare,*

*Reconnu exact*
*par le chef de détachement*

(Indiquer, le grade, l'emploi et le corps),

---

(1) Ou heure du départ du dépôt ) pour les gares qui, n'ayant pas de machine, ou ne pouvant
(2) Ou heure de rentrée au dépôt ) en disposer, sont obligées d'en demander à un dépôt voisin.

Ajouter la planche V *bis*.

## Mode d'aménagement des wagons à marchandises.

Pour 36 hommes.

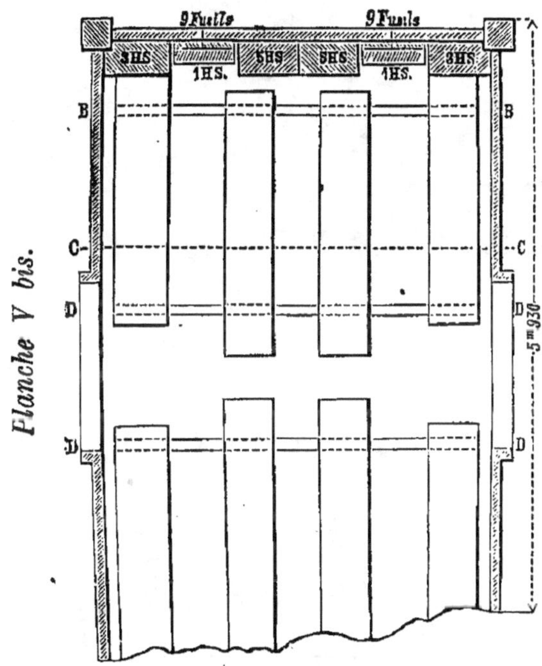


*A*). **Aménagement des bancs.**

L'aménagement réglementaire pour 32 hommes dispose que les bancs reposent sur des supports placés en B et C.

Laisser le support B à la place prévue. Ecarter le support C jusqu'en D, pour permettre de ramener vers le centre du wagon chacun des quatre bancs du milieu.

Ces bancs peuvent alors recevoir 5 hommes au lieu de 4, les places prises par les havresacs devenant libres.

*B*). **Placement des fusils.**

Même placement que pour 32 hommes, sauf que les faisceaux contiennent 9 fusils au lieu de 8.

*C*). **Placement des havresacs.**

Les havresacs se placent :

 1 au pied de chaque faisceau pour caler les crosses des fusils. 4
 3 à plat à chaque coin du wagon sur les bancs, soit.......... 12
 5 contre la petite paroi du wagon, dans le prolongement de
  chacun des bancs du milieu, soit....................... 20

       TOTAL..................... 36

*Planche XIII. — Figure 3.*

(La remplacer par la suivante.)

Fig. 3.                                    *Planche XIII.*

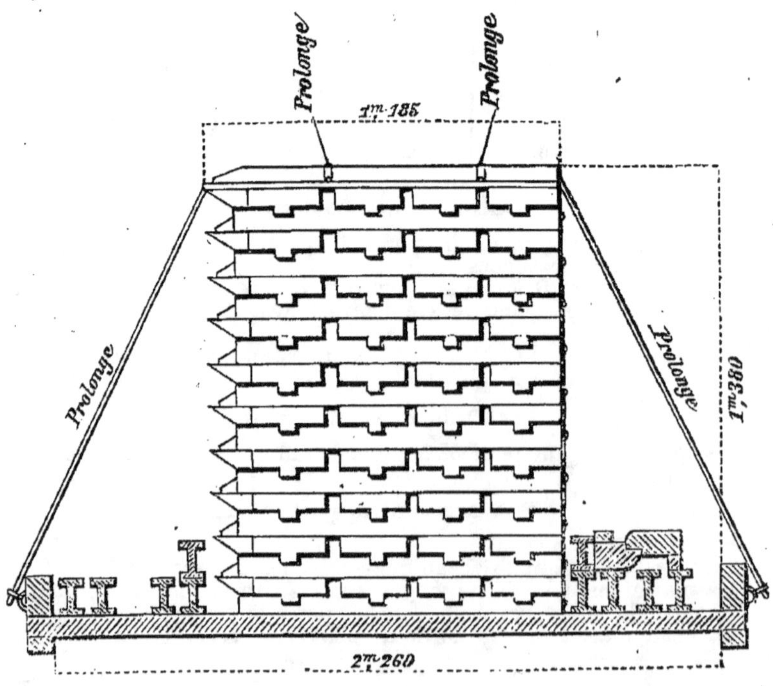



Coupe transversale.

(Utilisation de la prolonge.)

Remplacer la *Planche XIX* par la suivante :

Ajouter la *planche XXV bis*.

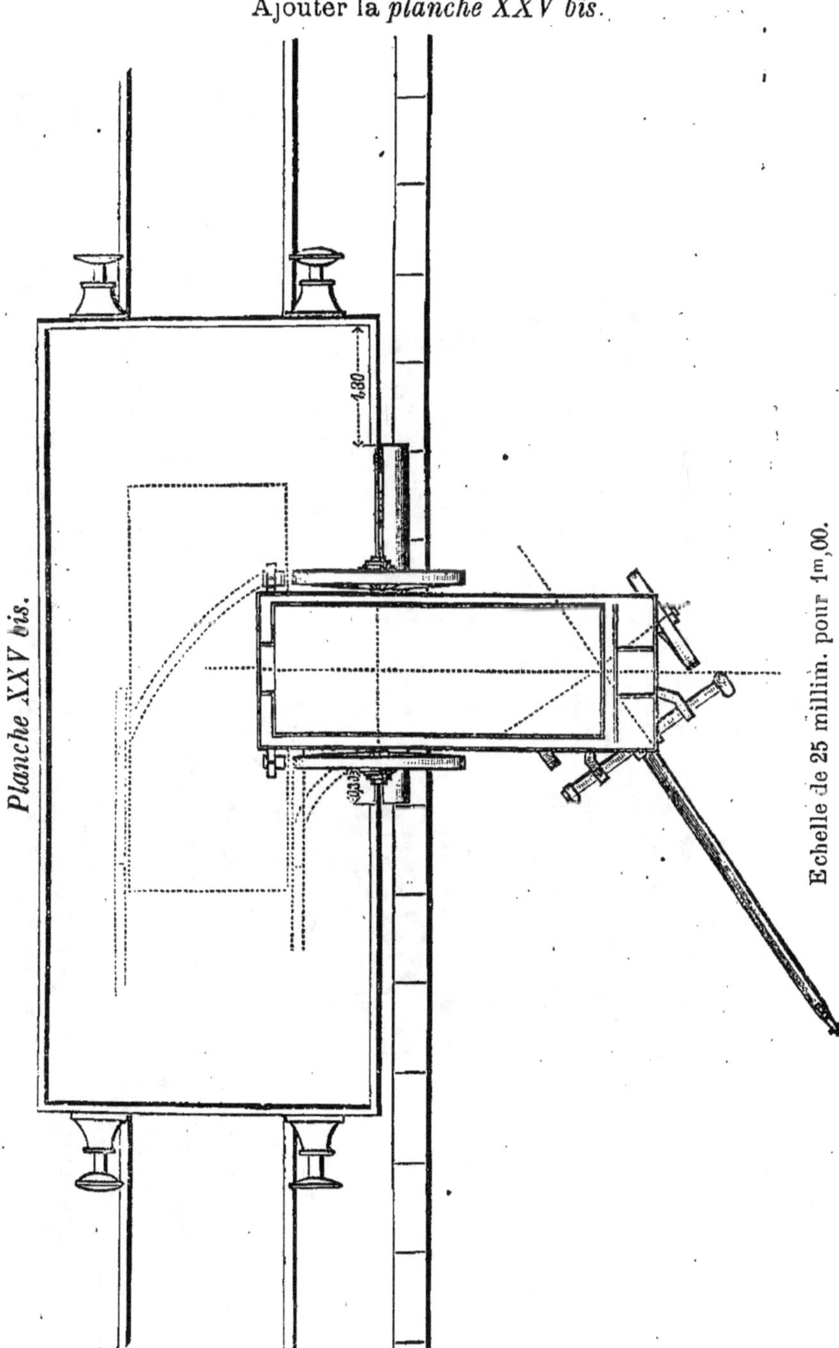

*Planche XXV ter.*

Echelle de 25 millimètres pour 1m,00.

# ANNEXES.

(*Bulletin officiel*, partie réglementaire, 2e semestre 1890, n° 57.)

*Modifications du 4 septembre 1894.*

## Article 2.

Supprimer le renvoi (1)

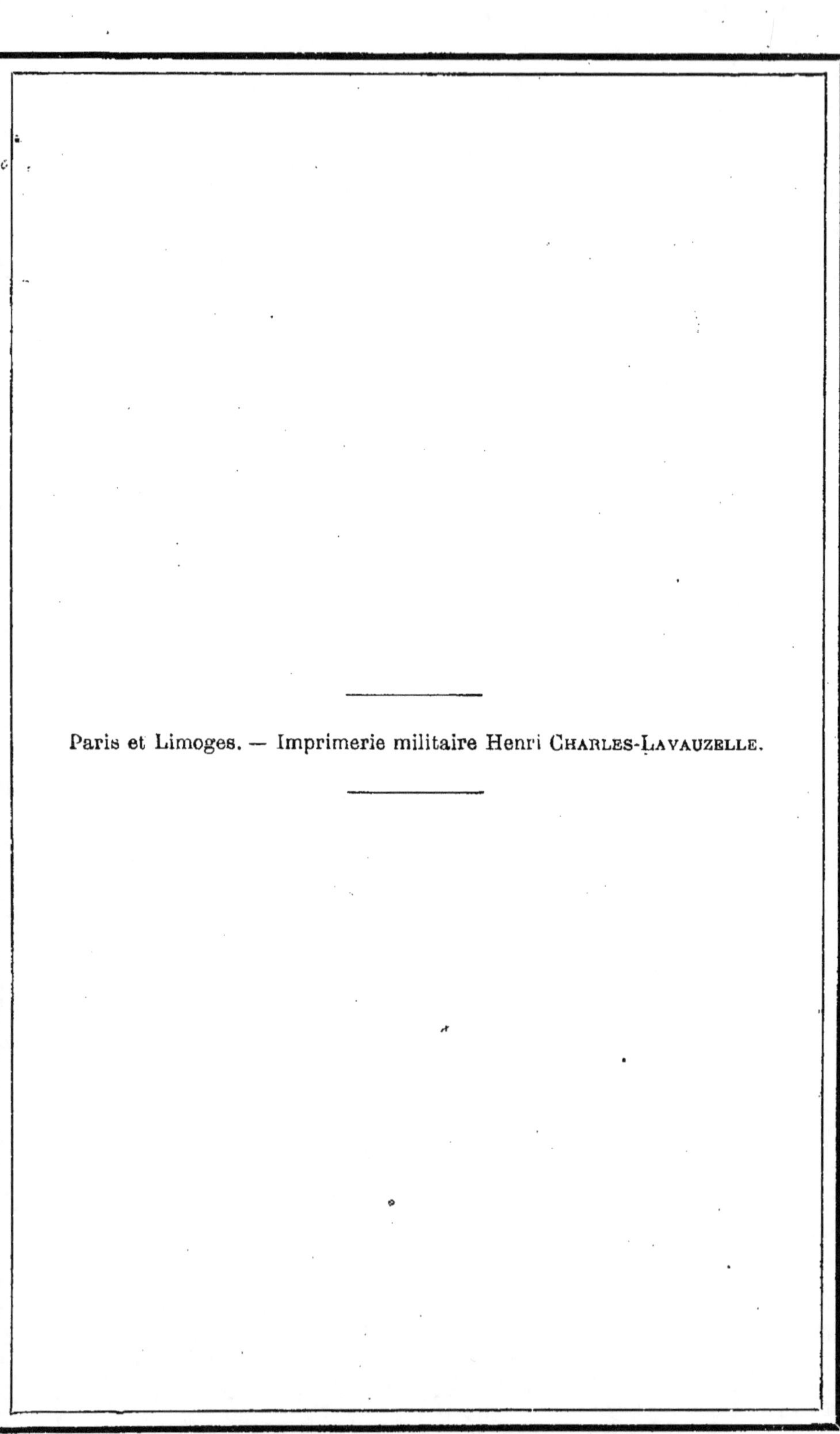

Paris et Limoges. — Imprimerie militaire Henri CHARLES-LAVAUZELLE.